AKA Louis

De

L'Hydromel

Pour Les Sourds

Traité inabouti, dilettante et poétique sur le sens de la réalité

///////// TEXTES ET ILLUSTRATIONS DE L'AUTEUR///////////////////////

© 2015, AKA Louis
Couverture, illustrations et photos
par AKA Louis
Photos pages 94 et 95
Avec l'aimable autorisation
De la Mairie de Créteil (Val de Marne)
Editeur : BOD – Books on Demand
12-15 Rond-Point des Champs
Elysées, 75008 Paris
Impression : BOD – Books on Demand
Allemagne
ISBN : 9782322018697
Dépôt Légal : Juin 2015

La Beauté sans formes a le goût du Miel exquis

DU MêME AUTEUR :

Les axiomes démasqués
(Recueil de Textes et Nouvelles) (2015)

AKA LOUiS

est un nom d'auteur à la dimension poétique, et à la signification polysémique.
Poète, écrivain, et essayiste, également graphiste, musicien, vidéaste et photographe, sous un autre nom d'artiste,
AKA Louis a forgé son Art de l'Écrit à travers un parcours universitaire littéraire et artistique généraliste,
ainsi que par le biais d'une approche originale des cultures du monde et de l'univers de la piété en autodidacte et chercheur indépendant.

AKA Louis a choisi de développer une démarche artistique de la création littéraire, afin de proposer au lecteur un univers insolite et rafraîchissant, surprenant et accessible, oscillant entre le conte et la vision poétique.

AKA Louis aborde les questions les plus épineuses de l'existence à travers une plume légère et interrogative qui interpelle le lecteur en lui proposant de se faire ou non sa propre opinion. Le nom de plume qu'il a revêtu est une référence au monde de l'âme, à travers la question de l'identité, de l'altérité, et des repères cardinaux qui servent de principes d'orientation sur la Terre.

CHAPiTRES/

I/ L'APPEL DU MiEL - 13

II/ LE GOûT DE L'HYDROMEL - 24

III/ LES PAPILLONS D'AUJOURD'Hui - 35

IV/ L'ESSENCE DE LA LiQUEUR - 47

V/ LA BEAUTé QUI S'éCLIPSE... - 59

POèMES/

I/ L'ASTRE QUi LUiT... - 73

II/ DES FLEURS ET éTiNCELLES - 77

III/ LE MiEL AMER - 79

iLLUSTRATiONS/

I/ DESSINS - 84
II/ PHOTOS - 93

CHAPiTRES

I/

L'Appel Du Miel

L'Evocation du Miel n'est pas un caprice de dernier cri.
Elle est la poésie de l'éclat du Nécessaire qui se pare de l'impossible aux yeux incrédules et *timidement* désabusés...
C'est lorsque tout nous abandonne, et que l'on a tout abandonné, que le Miel se révèle à qui sait en humer le parfum... Insaisissable...
Pourquoi perdre du temps dans les labyrinthes de la torture ? Il faut boire de l'Eau de Miel dès maintenant... Et s'en enivrer jusqu'à l'abscons de la Science !
Mais que sont les labyrinthes de la torture ?

Si c'est de cœur honnête qu'il s'agit, alors nous avons affaire à beaucoup de bruit pour peu de choses, car celui qui ignore ce qu'il ressent ne peut que mentir en paroles... !

Si c'est de courage, alors il faudra revenir au point de départ, car seul l'insoluble met réellement l'être humain au pied du mur en défiant autant sa force que son intelligence !

La vérité sentimentale est rare, l'Origine du Mal est traître et moqueuse !

Ecoute et considère l'exemple de l'histoire d'un jeune homme qui se trouva de manière imprévue dans un lieu de culte populaire, accompagné de deux de ses parents, alors qu'il avait à peine atteint sa majorité.
Un homme vînt sur l'estrade, avant le prêche, et l'interpella publiquement, devant l'auditoire qui n'osa pas s'assurer du destinataire de ces paroles.
L'homme dit : « Toi mon frère, Dieu a un travail pour toi ! Oui ! C'est à toi que je parle... ! Toi mon frère, oui, toi... ! »
Le jeune homme qui ne savait ce que cela lui réservait, resta interloqué, prudent, faisant signe de la main à l'homme de *mesurer* la gravité de ses propos... puis se dit *ingénuement*, qu'il y avait là quelque occasion d'avoir un objectif concret, dans une existence, qui lui sembla, malgré sa courte durée, et son vague horizon certain, être arrivée à son

terme. La suite des événements ne fut pas simple... ! Le jeune homme fut malmené, tourmenté, éprouvé, tiraillé, moqué, mais demeura fermement et strictement attaché à l'objet de son estime intime, enfouie dans le Néant des considérations philosophiques, ignoré de lui-même... Il sorti de ces épreuves en mauvaise état, et s'entendit dire par quelques juges de l'Institution, que son Malheur et son Tourment n'était en fait, rien qu'un détail...

Cela lui servit de leçon à vie...

Considère l'histoire de ce jeune homme, et affirme sans ambages, en pensant ne pas te tromper, que « *Dieu* » est une affaire drôle, ou qu'elle n'en est pas une... Que cette affaire est, en fait, une « *blague* » innocente sujette à discussion, ou à plaisanterie, objet d'intérêts éventuels, *ou* de raisonnements certains... !
Considère cela... Et *prouve* moi que la vérité d'un cœur, ou d'une âme, se démontre aux uns et autres, comme n'importe quel cas de figure... situation d'école réservée aux génies du genre... ! En d'autres termes, *dis et affirme* que « *Dieu* » est soumis à l'existence ou à l'inexistence, ou victime de démonstrations... ! Assurément, *tu ne pourras* le faire sans *te* tromper ! Si ce dernier point est vrai, c'est qu'il n'y rien à comprendre. S'il est faux, c'est qu'il

manque un épisode sordide à l'Histoire, qui sans doute doit se parer de faux semblants et de ces luxes et pierreries des plus factices... !
Pour sûr ! Jusqu'où la gravité peut-elle être objet de rire ? Jusqu'où le Jeu peut-il taquiner la souffrance, *vraie* ou *non avérée* ? Si c'est de Jeu qu'il s'agit, il va sans dire qu'il ne peut être que gratuit... et sans objet autre que la possibilité même de la foi, qui permet tous les passages à l'Acte... mesuré... Il n'y a rien de *sérieux* dans les *choses graves*...
Non, il n'y a rien de sérieux en elles... Juste le rire inquiet des adolescents sans limites qui n'ont vu l'Eclat de la Clarté Radicale ! La question de « *Dieu* » n'a rien à voir avec les intrigues, et semble pourtant y être complétement impliqué. Celui qui y met les pieds ne s'en sort pas sans dommages, rarement vivant, et difficilement sain d'esprit.
La certitude brave le doute sans pinailler... N'ergotons pas !
Qui sait qui il craint sait Qui il aime...
Craindre c'est aimer...
Ne *demande* pas plus...
Le Réel n'est pas sans épreuves, mais il est sans chimères...
Nul besoin d'explications pour ce qui tient à cœur...
Nul besoin de démonstrations pour ce qui fait éclore le Silence...
Distingue clairement l'Ami de l'Ennemi... !

Considère qu'il y a une limite à la folie, qui est le Non-Sens, et *cherche* le Salut avant tout et sans restriction notable, car le Salut est Roi.
Un *contrat* est rarement critère de réalité.
La Paix n'invite jamais à la contrainte. L'Objet d'une estime se passe de calculs et de démonstrations... ! Le bouton de fleur ne révèle son cœur qu'au cueilleur averti. Le jardinier connait la moralité terrible et ardente de la vie des fleurs. Point de cadeau à offrir à celui qui fut étudié sous toutes ses coutures. Le Seul présent pour lui est la liberté !

L'Appel du Miel n'est pas l'ami des équilibres de la justice. Il est l'Originalité qui se passe du linéaire trop juste. Il est autre que l'évidence de l'innocence. Il est la Nécessité doucement aigüe d'une complicité avec le jeune homme que tout abandonne et qui doit faire ses *preuves* pour ce qu'on a cru voir en lui. Ce qu'il faut à celui qui est au pied du mur, et qui doit vaincre par dépit, c'est quelques gouttes de Miel, et une rasade d'Hydromel, à en finir les yeux mi-clos et paisibles.

L'amour est un sacerdoce quand il ne cesse d'être un piège.
Le Miel est une liberté qui n'a jamais donné son nom.

Cela te suffit-il, ou veux-tu d'autres exemples ?

Ecoute donc également l'histoire d'un homme qui a vécu seul toute sa vie dans l'énigme de la raison de sa présence sur Terre... Il a cheminé au gré des événements et des rencontres... Il s'est réjoui de ses amis, puis a dû les laisser partir... Ceux qu'il a aimés et estimés, et qui lui ont rendu la pareille, ont gardé une pensée pour lui, à travers le hasard le temps et les formes, malgré les affaires les accaparant désormais tout entier dans leurs vies. La conclusion de cette histoire est que ni la distance, ni les circonstances, ne sont des entraves aux liens et contacts authentiques, qui les bravent de la plus imprévisible et inattendue des manières, pour faire triompher ce qui fait la gloire de la Vie, et la grâce de l'existence. Ce qui sépare les uns et les autres, n'entrave pas toujours et nécessairement, la véracité de l'origine d'une rencontre, ni les raisons insondables qui la font naitre, et qui ne doivent pas systématiquement être connues, de tous. Il y a un moment où ce qui est bon pour soi ne l'est pas forcément pour autrui, et il faut alors découvrir son prochain par l'estime inconditionnelle, mais *certaine*, et non chancelante, afin d'entrevoir le mystère du dire et de l'indicible par lequel l'amour est un oubli, dont le constat est une clarté saisissante !

Bien que présent en paroles, l'amour semble un détail, et passer à côté est comme souffrir d'une évidence…

Ecoute aussi l'histoire d'un autre homme dont on voulut faire un héros,
Une inspiration pour les grandes conquêtes, un mythe de la séduction et du donjuanisme, une source de fierté chauvine et de gloire virile…
Vois la fin prévue pour un tel simulacre de destin lorsque l'envie et la jalousie contredisent les espoirs artificiels placés en cet individu, et *demande toi* si toutes les richesses de la Terre méritent une fin tragique, empreinte de trahison et de dédain pour ce que l'on dit avoir aimé ? S'il faut vivre, il faut mordre à pleine dent ! Mais le prestige qui contient le venin des mises en scène et des haines non dites, ne peut qu'aboutir qu'à la destruction des uns et des autres, des demis sincères comme des fourbes, des benêts comme des cerveaux, car la justice des torses et du poitrail ne tolère pas qu'on moque l'honnêteté d'un cœur…
Un bien mal acquis ne profite jamais… !

La valeur d'un homme ne se détermine pas par ce qu'il a fait et ce qu'il n'a pas fait, par ce qu'il fera ou ne fera point… La valeur d'un homme est une grâce pour le monde, la Terre, et pour ses semblables...

Alors ! Ami ! Lecteur ! Pourquoi évoquer le Miel et sa saveur ? Sa couleur scintillante, son odeur, son parfum bon et doux... ? Tout simplement, et poétiquement, pour la raison que le Miel est le fruit d'un long travail, mais que ce travail n'est jamais vu. Voilà pourquoi ce Nectar est un don, l'exemple qui distingue les faux plaisirs officiant dans le domaine de la destruction de l'âme et de l'être humain, et le bien être véritable qui est de savourer la grâce inattendue, et le bonheur de la Vie et de ses merveilles comme présent de pure gratuité, non consommable sans avertissements cependant... !

Alors que nous reste-t-il à faire, sinon à *boire* du Miel sans restriction, du Miel toujours agréable et doux, qui jamais n'écœure, ni n'obstrue la respiration, car sans mystères dans son essence, ni intrigues dans sa fabrication, mais éclat spontané et évident dans son statut de *base* aux breuvages les plus délicats, et les plus raffinés et efficaces pour le soin, comme pour la guérison.
Les tragédies, les désastres, les drames et les déchirures qui font la douleur d'un cœur, ne sont que l'avertissement de la Réalité Royale et Seigneuriale, à celui qui pense que la triche

à une once de place dans la vie réelle... Certes il faut jouer, mais *jouer* est un Art, et nul ne peut jouer en souhaitant la place d'un autre, ou en se dupant lui-même... ! Non ! Cela ne se peut ! Contemple un bandit, un mendiant, un enfant jouant sur le sol, ou au ballon, une séductrice, un meurtrier, un savant, un soi-disant *sage*, un emberlificoteur, un pharmacien, un truand...
Et demande-toi si l'Auteur ayant rassemblé tous ces personnages pour une même histoire ne se joue pas de toi, pour ton bien ou ta terreur...
Il n'est pas aisé de savoir à qui l'on a à faire tant que l'on trompe sa propre *dignité*, qui n'est jamais d'être sérieux sans jouer, mais de jouer, drôlement et sûrement, avec le plus grand sérieux du monde, à son propre jeu, comme au Jeu qui nous dépasse... Avec la garantie que le Miel est une affaire et le fruit d'une quête à la tranchante et aigüe véracité... Le cœur qui souffre est attiré par ce qui le fait le plus souffrir, bois du Miel, guéris, et ne pense à rien !

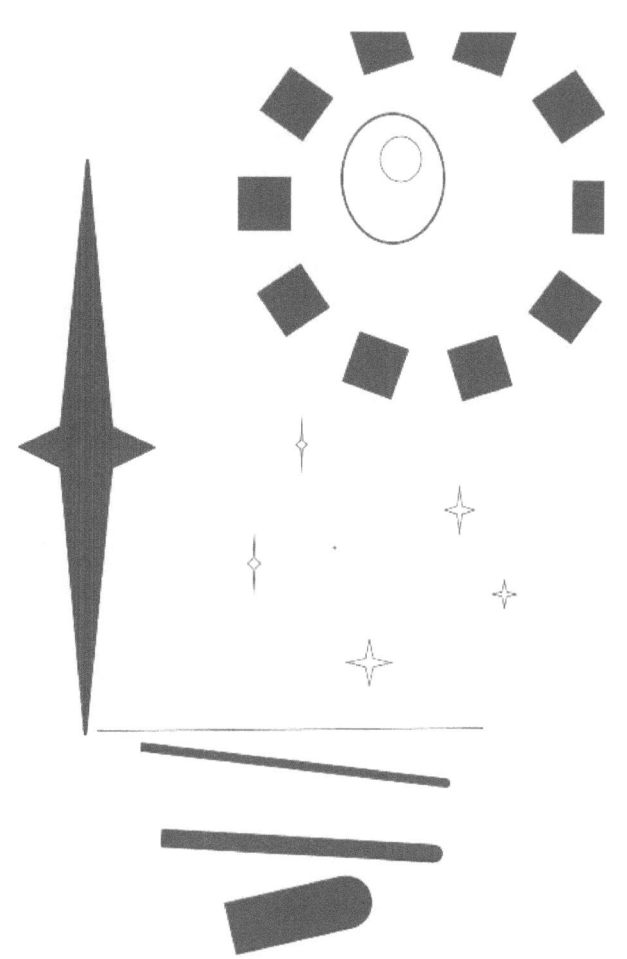

II/

Le Goût De L'Hydromel

Avez-vous déjà fréquenté les fées ? Les connaissez-vous ? Prétendez-vous être leur ami, si cela est possible ou imaginable ? Si vous les avez vues en avez-vous trouvé les formes et les couleurs d'une féerie exquise, à en tomber à la *renverse* au cœur d'une averse de variations d'harmonies de pluie de pétales translucides !... Eh bien, la délicatesse des voluptés évanescentes aux rondeurs fruitées et dangereuses, aux saveurs acides et clinquantes, ne vaudront jamais l'Hydromel au goût dont l'unicité est merveilleusement insondable... Sachez-le ! Peut-on goûter l'Hydromel sans avoir connues les orgies de l'innocence ? L'un peut-il se connaitre sans l'autre ? La question se pose-t-elle ?

En vaut-elle la peine ? Non, sans doute. Car il est des questions qui ne se posent pas. Et il serait sans doute préférable de ne jamais avoir vu, ni connu, quoique ce soit, que d'avouer quelque chose, à moins qu'on ne soit concerné, ni du dehors, ni du dedans. Bénis soient les muets, bénis soient les sourds. Oui. Bénis soient-ils ! Assurément, le Miel est pour eux. Mieux, oui mieux !... L'Hydromel ! Les ruisseaux de Miel qui coulent au cœur des plaines vert émeraude, là où les collines et les combes ne laissent de place qu'aux scintillements de ces flots afin de les voir illuminer les horizons plus distinctement que le soleil...

Pourquoi parler pour dire ? La délicatesse se contemple les yeux clos. Le Paradis est à portée de main, à Fleur de terre, *sous* les corolles de l'invisible, lorsqu'on y pose son front, en ne pensant à rien. Une Onde d'Or Liquide suffit à éclairer le Temps, sans faire miroiter les arômes sans goût du deux, qui sait que le trois ne fait pas l'unique. Oublie les mathématiques et savoures le Miel an/encyclopédique... Ne rien savoir est le summum de l'Art. Ne rien voir en est le respect ultime...

Les élixirs d'amour sont la lie des hallucinogènes. Un danger public pour l'équilibre de ce qui parait vrai. Une manne pour les vendeurs de bonheur factice... Un désastre pour les cœurs simples et sciemment esseulés... Ne partage de repas qu'avec tes frères d'Âme... Les étranges inconnus ont bien des recettes pour procurer l'ivresse du désir, mais les fruits qu'ils te proposent sont rassis de l'intérieur, sans que tes yeux ne puissent le voir un seul instant... Si tu y goûtes, tu n'en sortiras pas intact... ! Ta cervelle morcelée ne te sera plus d'aucune utilité, et tu devras te montrer digne de vivre sans avoir une once de pensée, utile ou inutile.

Que tu cherches à produire un élixir, ou que tu en sois victime, ou que tu en sois victime en le produisant, ainsi qu'en le faisant goûter, assurément, tu verras l'enfer de près.

L'addiction morale, psychologique, ou physique n'est plus très loin lorsque l'immaculée pirouette du factice a mis sa main nue sur la ferveur qu'elle convoite. Et de la ferveur à la fièvre, il n'y a qu'un pas, mal placé, chancelant, déroutant, qui glisse... Un élixir de séduction n'est qu'une imitation, une pâle copie sans âme, et sans réalité, de l'apaisement radical que procure le Miel Exquis. Le Miel est ce que tout le monde court sans pouvoir en démontrer ni l'existence, ni la réalité.

Aucun flacon, ne peut contenir le Miel, aucun chimiste ne peut synthétiser son parfum !

Cherche le Miel sans répit ! Il est l'Hydromel insaisissable et inaccessible !

L'Amour le plus *désirable* miroite les âges en labyrinthes, au point qu'on ne sait plus qui en est à la fin de son parcours, ou qui le continu sous des traits nouveaux... Prend garde à ne pas prendre la Tombe pour une Couronne de pétales, la Mort s'est parée des plus beaux fards de la beauté ! Elle est immaculée et son regard est scintillant comme le cristal... Elle est belle et aime la chair crue ! Tu ne te souviendras pas de ce qui s'est passé... Gambadant comme un nourrisson, dans un monde qui n'existe pas ! Prend garde aux élixirs, à leurs maitres et désidératas...

Le goût de l'Hydromel, n'est point dans l'inaccessible, ni dans l'accessible...
Ni dans l'existence ou dans l'inexistence ! L'Hydromel est par essence introuvable !

Voilà pourquoi il faut en boire jusqu'à l'apaisement total !

Tu te sens seul et délaissé... ? Tu penses que l'esseulement est une épreuve insurmontable ? Goûte la Réalité dans sa saveur intense la plus simple, elle est exquise ! Tu connaitras un jour la joie de l'Hydromel... L'Hydromel est le Miel auquel tu as donné des ailes, il t'emmènera aux confins de l'Abscons le plus Réel.

L'addiction est une pâle innocente. Elle a pour chaleur le froid de l'hiver. Tiens-toi en loin, ou tu verras la cruauté des sentiments...
Le Miel et l'Hydromel ne te demanderont jamais de déclaration, ils te proclameront sain, et se porteront garant pour toi.

Mordre le fruit n'est pas une obligation. Savoure le Goût de la Réalité et du Réel. La dégustation de la Réalité permet l'adaptation au milieu.
L'addiction aux charmes du monde relève du divertissement, non de la Science. Savoir ne nécessite pas de connaitre. Le Goût est la saveur du Miel Introuvable.

Celui qui veut être aimé est celui qui souffre, et celui qui souffre est celui qui a fait le *Mal* ou qui l'a subi... Dans un cas il est plutôt conscient, dans l'autre, il l'est moins... Le goût de l'Hydromel est l'Amour Parfait, celui qui n'exige ni *réparation*, ni envie trouble.
Cet Amour est celui que l'on donne, non celui qu'on reçoit.
Le Bien que nous font les autres, est un Bien qu'il ne faut pas sonder...
Sache distinguer le Bien véritable, du chantage terrorisant de l'addiction, et tu verras plus clair dans les notions de ce qui vaut pour une vie, et de ce qui n'en vaut pas la peine. Faire bonne usage de son cœur est

essentiel. Il n'y pas meilleur avertissement qu'un cœur brisé.
Il n'y pas pire entêtement que de briser son cœur, par addiction, *aux mêmes situations*. Passer des fleurs aux étoiles, de la correction à l'éclat solennel du pire, c'est l'intégration, notable, et insubmersible de ce qu'il ne faut pas faire… ! Ne confond pas addiction et plaisir de vivre, mauvaise nourriture et Miel Exquis ! Affectionne-toi pour le second, et laisse le premier aux sabres tranchants, à la sentence imprévue… !

La piété est une discipline artistique du domaine du Grand Art. Elle donne goût à la vie et à l'existence, en perfectionnant la *gustativité* de ton âme. Le goût s'éduque, s'affine, s'embellit, mais jamais ne se trompe pour qui a cœur honnête.
La souffrance produit de l'irréel. Le Miel est le goût du concret. De ce qui est Soi, sans jamais dénoncer l'Ami… Vivre de sa souffrance ne sert qu'à éclairer les égarés. Une fois guéri, il faut vivre de son Art et cultiver sa Science. Agir avec la précision du goût, l'étincelle du plaisir.
Qui a vécu a de quoi rester à sa place, et à ne pas s'enorgueillir…
Les choses ont un prix mais pas n'importe lequel… Bois du Miel et vis !

Celui qui veut séduire ne dit jamais l'objet de sa demande, et la présente toujours comme une offre. Prend garde à savoir où tu mets les pieds et songes que ton cœur a un gardien... ! Et qu'on ne goûte réellement au Miel qu'en en respectant la confection... Si il y un secret, il faut s'abstenir de le découvrir, s'il y a une révélation, elle ne doit point être profanée... Celui qui refuse de guérir doit vivre avec le Mal !

Le Mal que l'on fait à quelqu'un au-delà d'une certaine limite, se répercute sur toute l'humanité. Voilà pourquoi s'obstiner dans le Mal est un aveu d'ignorance. Si, ainsi toute l'humanité paie, et non point seulement l'individu, c'est qu'il y a à la souffrance une limite, au-delà de laquelle elle n'existe plus. Il y a dans la peine infligée à un être singulier une leçon pour les bourreaux, et les hommes de mauvaise foi qui ne veulent pas reconnaitre leur tort. On dit qu'il ne faut pas dire « fontaine je ne boirai pas d ton eau »... mais dans un désert toutes les oasis ne sont réelles... Le Miel est introuvable ! A la fois doux, tendre, solide et consistant ! Il est nourriture rare et solide ! Médicament onctueux sans faux semblant ! Si tu en as entre les mains, bois le ... !

S'il t'en échappe, respire-le parsemé à travers les airs... ! La rareté de l'étreinte en fait toute la valeur ! Savoure les instants ponctués à travers le temps, qui défile, lentement. Ne pas craindre l'enfer, ne pas simuler le paradis, c'est cela vivre sur Terre. La politesse moderne est d'évoquer la question *affective*, mais dans les faits réels, qui peut juger de ces choses-là ? Le critère *d'exactitude*, en la matière, n'est pas sujet à plaisanterie, ni à l'équivoque. Qui ignore la nature de son cœur, méconnait la réalité du sentiment estimable ! La considération véritable n'a jamais à être démontrée... ! Le doute s'immisce quand l'envers passe pour l'endroit. *En as-tu pour ton compte, ou veux-tu cerner les amours de ton frère ? Cher lecteur, n'aie pas la culture du piège...* ! Le Seigneur vient comme un voleur, un bandit, et ne dis que rarement ce qui l'anime ! La seule chose qui importe est ce que ta conscience a saisi, qu'importe la vraisemblance, apparente ou non... !

L'origine du plaisir *vrai* est dans le respect de son propre enfer, et la crainte de son Maître... Les faux plaisirs ne côtoient jamais les vrais ! Le vrai plaisir est dans le sens de la saveur, que seul l'âme et son horizon connaissent *véritablement*... C'est cela le goût ! Le plaisir enfin complice ! Nulle vérité ne s'obtient en jouant avec les émotions d'autrui, l'honnêteté est implacable ! Nulle besoin d'explication pour savoir qui est ton Seigneur ! Deux secondes suffisent à comprendre. *Comprendre* ne nécessite aucun raisonnement, sinon celui de l'âme qui est par nature *abstrus*. Ce qu'on veut ne s'obtient jamais par l'envers, et ce n'est que par le biais de l'horizon signifiant ineffable qu'on arrive à la fin des fins. Qui remet en question l'étincelle d'un cœur ne peut qu'en subir les conséquences ! Le sens de la réalité dépend de l'affranchissement des grandes addictions. La libération par l'aube des nectars est le seul amour véritable. Le Miel est l'endroit des fleurs, sans pâquerettes flirtant avec le sol pour considérations... Le corollaire de la corolle est l'évidence de la liberté du choix de la saisir... ! L'humanité n'a rien à voir avec le genre, mais avec la polarité et l'âme. La stricte différence en est le témoin. La *chair de la chair* est une affaire d'âme !

L'envers médit l'endroit et méconnait la réalité... les chairs s'entremêlent dans le désir commun du sacrifice des illusions funestes.

Le *don* craint et respecté est Vie. Le Miel est l'affection sans prix *évoqué*. Règle d'hospitalité... Oblige ! L'addiction est mort sans concret ni concrétisation. La chair authentique du cœur avoué n'est jamais dite. Le Nectar qui coule à flot en est la preuve immatérielle tangible !

Par l'honnêteté extrême tu deviens enfant *des autres* par Art de la Guerre ou d'aimer sans tragédie. La féerie du pervers n'a pas le dernier mot face à la vérité de l'aube... Le Miel est l'aube donnée à boire au gosier qui réclame une vie saine, paisible, et de foi honnête, certaine... !

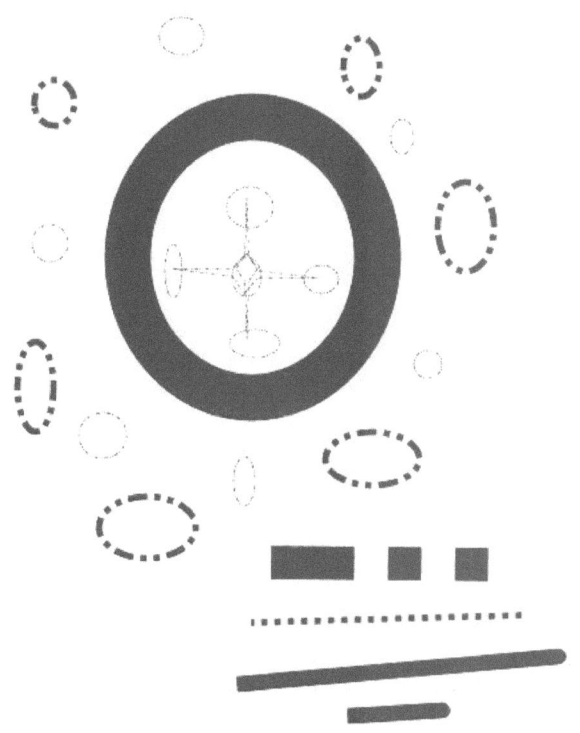

III/

Les Papillons d'Aujourd'hui

Le paradoxe du banlieusard est le contraste des opacités transparentes. La débrouillardise est l'Art de l'improvisation par Science abstraite. La banlieue est un lieu d'éducation sévère. Une vaste étendue de jeux intrépides. Une ambivalence aléatoire sans objectifs reconnus. Vivre la ville comme une contrée sauvage où l'on apprend, ainsi qu'au cœur des dunes du désert, des verdures de l'Amazonie ancestrale, des turbulences sans scintillantes réflexions de l'océan, est le savoir exister et s'instruire sans quémander la solution des énigmes insolubles et moqueuses. Qui veut trouver ce qu'il a devant soi ? Qui prétend aller chercher ailleurs ? Comme un papillon *tu voles et tu as bien raison*. Les pétales sont nombreux, mais la Corolle est unique. Pose-toi où tu veux, le monde est grand. Sur un rebord, ou sur une branche... Qu'importe !

Regarde ce que veut dire voyager, sans jamais trahir sa Terre Natale. Nul besoin de marquer son territoire quand on connait sa Zone. Interdite ou non. Qu'est-ce que *tu connais ? Sais-tu ce que tu ne connais pas ? Où vas-tu donc ainsi ? T'es-tu perdu ?*
Pourquoi pas, car tout est possible...

Des papillons, il en existe de toutes sortes. Des beaux, des moins beaux... Des verts, des rouges, des bleus... Des fous qui se posent ici, des sages qui se poseront là... Des papillons à n'en plus finir, en veux-tu, en voilà !

Les papillons d'hier, les papillons d'avant ont été bien braves et courageux... Les papillons d'aujourd'hui ont des défis à relever... ! Comme celui de vivre la modernité comme un espace a/temporel, aux illusions centrifuges, à la périphérie évanescente... ! Deux, trois battements d'ailes et le tour est joué ! Qui découvre pourquoi il souffre se débarrasse de la souffrance très rapidement. Repose-toi, les heures comptent double avant minuit. Les ballades sont gratuites et permises.

Le traquenard n'est pas soluble dans l'honnêteté. On ne profane pas la chair sous peine de voir *le visage moqueur de l'innocent* faire irruption. Il faut à ce moment-là saisir l'insubmersible souvenir, non dual, brisant les charmes.

Qui est le jeune guerrier sinon le garçon qui a aimé et dont on pas voulu ? Ne défie pas la mort qui veut ! L'amour est grave comme une histoire d'enfant... Les aventures buissonnières ne sont pas à prendre à la légère ! Qui est ingénu dans sa propre maison ?
Fais frémir le Miel, le Miel mijote, frémis-en !
Connaitre les autres c'est cueillir une Fleur unique !
Et ensuite, se taire, garder bouche close à jamais !

La Féerie est le monde des amours inachevés et attendus en vain.
C'est un monde d'accidents et de délits irrésolus, cependant...
Nul n'en voit rien, à moins qu'il ait le regard inspiré et fin.
Le Miel n'est pas féerie, il est saveur du Réel.
C'est un apaisement pour les cœurs meurtris par le merveilleux cinglant.
Une Réponse définitive à l'espérance sans fin de la beauté innocente et crue. Qui perçoit le Merveilleux a pris un coup à la tête. Qui en est revenu avec assurance, ou tant bien que mal, mais placide, savoures le Bien-Etre du Miel exquis ! La Réalité sans détour, inaccessible aux malhonnêtes et aux insincères !
Le traquenard n'est pas soluble dans l'honnêteté.

On ne sort pas vivant du monde des Fées, ou en sort mort ou vivant à jamais ! La Féerie est *mielleuse*, et amère en son sein...
Le Goût du Miel est l'exaltation équilibrée et paisible de la douceur de vivre qu'on ne voudrait jamais finie...
C'est l'ambivalence paradisiaque... Le paradoxe de l'enfer...
N'accède pas au bonheur qui veut, mais qui a payer le prix de la foi à la traitre candeur...
C'est pour cette raison que la Banlieue est une Terre d'Alchimie.
Un lieu d'apprentissage terrible ! Une Ambivalence close et contrastée... Le creuset de l'Utopie !

Faire la guerre n'est pas donné à tout le monde. D'aucun préfère le divertissement pour éprouver du courage... La compagnie des naïades et des drogues ronde et claires... Des armes de toutes sortes pour régner par la peur, et mettre la main sur sa part du butin. Faire la guerre est autre chose. C'est une joie, triste, de se battre pour le triomphe de l'Horizon Serein.
La quotidienne discipline du comportement passe partout. Le Goût du peu, de l'insignifiant, et la flamboyance du pauvre... Qui est heureux n'en nargue pas les autres ! Ne propose pas le narguilé des illusions folles par incompréhension du Néant ! Non. Qui est

heureux fais la guerre pour la paix ! La Paix triomphante de connaitre le goût du Miel Exquis ! La débrouillardise n'est pas insolente. L'errance n'est pas un Paradis. La limite ne dit pas son nom. Elle appelle au calme et à la mesure qui ne disent rien.
On ne navigue sans raison. On navigue en Poète assermenté !
En mercenaire inaccessible aux Fées... Et à leur monde tragique !
A la blanche addiction de leurs amours tapageurs !
Le Miel est le Médicament Suprême contre toute dépendance.

Un dealer de conscience et de nouvelles expériences de proposera une vision des choses inédite. Sache qu'il n'a pas le Miel en sa possession. Il le cherche, mais ne peut l'obtenir ! Car il rêve d'œil rassasié par les formes, dans leur *beauté* la plus séduisante. Le Miel est contentement sans séduction. Le Miel brise l'Opium du Peuple. Il est l'Or de la foi réelle.
Sa concrétisation parfaite. La saveur de la vie. Le Holà aux opiacés du qu'en-dira-t-on, et aux ragouts de ragots pour toxicos du mélange des genres...

Le vrai guerrier ne se laisse pas faire, mais affectionne le Miel par-dessous tout ! Il brave l'indécence pour la saveur exquise !
Ne te laisse pas prendre au piège du trop bon, trop dodu !
Tranche et ne goûte que la Réalité dans sa suprématie !
Le Miel provient de la caresse des fleurs, mais n'est fleuri que par son acidité ! La Corolle est prise, non prisée, le prix ?
L'absence d'amour intolérant et illusoire... La lumière n'est point une rosace, et l'accès aux joies jamais une futilité.

Il n'est de meilleur déniaisement que celui du cœur. Celui qui implique l'honnêteté sentimentale, celle-là même qui fait disparaître les mauvais compagnons. Certes le Seigneur vient comme un bandit, mais tel un bandit qui met à l'épreuve pour éprouver ton âme, face aux règles les plus factices et les plus mensongères et trompeuses... La Loi réelle est le prix de la Grâce... La Loi réelle est de mourir pour les autres...
Amour Suprême qui donne accès au Paradis vrai et à ses merveilles ! Ce Paradis tu peux le vivre ici-bas, si la manière dont tu le conçois n'est pas artificielle... Si elle ne traduit pas la confiscation de tes choix les plus intimes par la dictature de l'addiction la plus sauvage, et faussement douce... Le complot est toujours

issu d'un cerveau qui se croit seul... L'âme est la vie partagée avec ses frères... Un Chef de Guerre ne complote pas... Il privilégie la vie en commun, la justice vraie, et la Paix surtout... La naïade te jauge à demi dévêtue... Mais quel genre de bandit es-tu ? Celui qui craint ou celui qui méconnait son Seigneur ? Vagabonde en héros à l'instar des anciens poètes... Abreuve-toi de la lucidité de l'aube liquide ! Voyage d'un monde à un autre... Connais l'endroit des corolles... ! Songe au Paradis ici-bas... !
Les verts pâturages sont à portée de main... tendue... ! Bois avec moi du Nectar pur... Mon verre est plein de lumière... ! Elle est bonne, elle fait du bien ! La vérité fait toujours peur à qui ne l'a jamais a/p/perçue... !
Qui l'a *vue*... Qui peut *vraiment* la reconnaitre ? Le Seigneur veut que tu connaisses la saveur du Réel, afin de n'être ni ingénu, ni idiot, ni niais, ni égaré... ! Nul n'en sait plus que les autres dans ce domaine du goût du Miel. Se contenter de sa propre science est l'essentiel, en priant pour qu'elle augmente, équilibrée. Laisse le mystère à *Dieu*, et crains le Seigneur ! La perversion n'est qu'agitation sans scrupules. Médite l'étincelle et son éclat.

Tu vois chacun s'affairer dans ce monde, pensant que *les autres ont réussi*, cependant, tu ne sais ce qu'ils vivent... Laisse à chacun sa part !

Amis lecteurs, si l'on ne vous donne pas accès à la société, débrouillez-vous *autrement* de manière positive, intelligemment, selon l'âme, en faisant preuve de science et d'espoir, *provisoirement*, et le jour viendra.

Demeurer ferme dans les difficultés, traverser les énigmes sans s'en préoccuper, c'est la foi victorieuse. La vérité justifie l'Art et les artistes !

Comme tout le monde il faut travailler... Tout art implique une discipline... toute discipline débouche sur le talent ou la virtuosité, vertu exercée ! Et la vertu fait tout sans mauvaise foi... ! Les grands tracas sont bons pour l'oubli... Les petits font le sel de la vie, et relèvent la saveur des douceurs ! Si tu sais travailler *intelligemment*, selon l'âme et la fraternité, alors tu trouveras ton Nectar, à l'instar des papillons, qui vivent pour l'instant d'une vie, et s'éteignent dans l'harmonie du Juste ! *Brise* les barreaux de ta prison *spirituelle*, par la Science pieuse, et si tu ne peux le faire, selon ce que *tu crois, écoute ton âme et laisse la faire... elle connait son Maitre.*

Les différentes sphères de la société, son seuil grave, et ses énigmes, sont autant d'épreuves gratifiantes pour qui croit à la vraie complicité humaine, ainsi qu'au suprême Art de Vivre… !
Le bonheur et la joie n'est pas dans les formes apparentes, mais dans la réalité de *l'âge* de l'âme et de son *élévation* relative.

L'Art de vivre est la sociabilité au service de l'humain épanoui d'âme, et de fraternité, qui ne demande de preuves autres que celles de la main, qui saisit sans hésitations, aucune, ni tremblements, ou ragots.

Les papillons virevoltent, fais en autant. Ils ne se posent jamais là où il ne fait bon vivre… pour chacun, selon la gloire de la Vie.

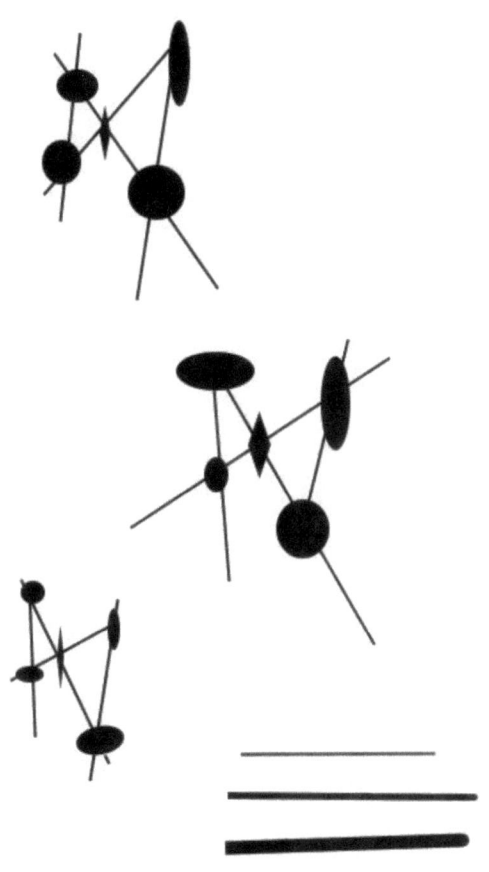

IV /

L'Essence de la Liqueur

Le travail de la ruche n'est jamais vu. Et pourtant le Miel est bon... !
Le breuvage qu'on en tire est savoureux. Il apaise et soigne tous les maux. L'essence de la liqueur est la bienfaisance. D'être grâce et miséricorde pour qui a vécu. Elle transforme les mauvaises expériences en leçons apprises, et en poésies vectrices de science abstruses sans profanation. Si l'alambic est *propre*, le Miel est limpide.
S'il est *d'âge honorable*, ce sera une bonne cuvée... ! Le Miel est instrument de lucidité, non de débauche... ! Mais les aventuriers véritables y trouveront hommage aux risques pris et coups non rendus !
L'Or du Nectar est ouverture saine sur le Réel. Délivrance des addictions artificielles pour

une vie plus stable. Là où le quotidien côtoie l'insolite et le cocasse... Là où la poétique n'est pas rêverie mais Science harmonique de l'équilibre retrouvé... !
Les coups en valent la peine quand le Miel se fait repos du guerrier... !
La vraie compagnie n'est pas ferme mais timide... ! Elle s'éclipse pour mieux résister au délitement... Elle ne s'étiole pas... entrailles des fleurs en Or irisées ! L'essence est parfum et absolu. Goût sans goûter, joie sans mépris. Saisir le paradoxe est connaitre vraiment !
Allez gaiement vers la Terre sainte et heureuse d'un *ici-bas concret*...
Ipséité n'est pas impossible, et impossible n'est que Réel méconnu... !
Réel méconnu n'est pas clos, mais ouvert seulement aux braves en piété, sans timidité d'âme et de fraternisation humaine, authentiquement chaleureuse.

Combattre la *drogue* charnelle, c'est libérer le quidam de l'addiction au Mal comme affection. C'est le piège affectif.

La Beauté comme source d'éthique est le début de l'humanité qui fait ses preuves. Celle qui croit au prochain comme Frère différent à l'ambivalence lumineuse. Ne prend pas le beau pour le laid, ni le laid pour le beau. Ne prend pas le méchant pour le fort, ni les ténèbres pour la lumière. Résistes-y, et tu découvriras l'Aube.

La Féérie est le mal qu'on fait aux autres et à soi-même. L'éblouissement est le raffinement de la souffrance atroce. Le contraste de l'incompréhension est la lumière éclairant l'altérité pure qui se croise et s'envisage, sans jamais se rencontrer, autrement que par complicité inattendue... imprévisible...

Conçois une rencontre sentimentale où l'attraction est forte, mais l'issue improbable pour des raisons diverses. Les questions de caractères, d'humeurs, d'origines sociales, ethniques, raciales, de background spirituel, d'héritages de piété, de perspectives de réalisation, sont autant d'éléments *de base* de travail alchimique de toute rencontre où la valeur se joue dans la gravité, le sacrifice et le non-dit du prix. Tous ces éléments, opposés, tiraillés, niés, évoqués, tus, réfutés, combattus, admis, raillés, moqués, dits, finissent *au terme du travail et de l'épreuve*, par devenir les bornes et le creuset de l'Or rayonnant de l'Art. *Conçois* une relation amicale, possiblement fraternelle. La volonté de tout savoir, ou l'art de savoir ne pas évoquer, le prestige de se taire, ou le partage raisonné des limites, permettent l'échange au sein du convivial, le don sans perte et sans regrets. « Rien ne se crée, rien ne se perd, tout se transforme. » Que reste-t-il des illusions alors quand l'Eclat, dans sa Majesté sans profanation, manifeste la Royauté la plus pure et la plus simple ? Juste la Beauté de l'Aube... La Saveur du Nectar au prix non-dit. La Liberté de vivre sans trahir son âme... La Gloire de rendre hommage à la Vie !

L'Essence de la Liqueur est la Libération radicale.

L'Abscons est Signe. Le Signe est Plénitude. L'Espace n'existe pas !
Ne prête pas allégeance au trivial, qui tel un oignon s'épluche sans ne révéler que des larmes... Sois fort et affronte le Réel sans chimères... !

L'essence de la liqueur est le parfum de la vie. Un arôme fruité et délicat qui fait exploser les couleurs. Elle procure le bien être de l'*ivresse* saine... qui est le calme découlant de la vie qu'on apprécie. Le summum en est l'étourdissement de paix, l'activité étincelante et pure qui scintille depuis le cœur de l'âme... !

Si tu bois du Miel c'est que tu connais le Paradis.

Non pas celui des vertiges évanescents et illusoires, mais celui du concret des instants précieux et simples...
Le Miel est solide autant que liquide, nourrissant et fluide...
Il éveille le souvenir de l'essentiel, l'intelligence et la perception claire, le partage raisonné dans l'équilibre...

Le Miel est le sens de ce qui a authentiquement et sobrement de la valeur. Le nom, non pas de ce qu'on *« aime »*, mais de ce qu'on estime. Le nom de l'Ami que l'on craint et que l'on vénère... *Sais-tu* ce qu'il faut braver pour une bouchée de Miel, pour croire que Miel ne veut pas dire Or, Air frais, Ami sûr, Ame fière... ! Etre allongé sur des sofas, respirer le parfum du Nectar, déguster les douceurs, c'est avoir bataillé contre vents et marées sans relâche, en méprisant le qu'en dira-t-on et les conséquences externes... Le Miel ne se savoure qu'à la fin d'une Quête sans Fin... Le Miel est l'absolu à portée de main, avec la limite saine de la crainte... ! L'essence de la liqueur est d'être repos sans être *récompense*... Plaisir réel du brave qui a tout perdu, sauf son âme !

Des expériences, il faut en faire. Des chemins, il faut en emprunter.

Des risques, vrais, il faut en prendre, et se taire… ! Le Miel, il faut le conquérir… ! Vivre est l'Art de sauter, puis de retomber sur ses pattes, sans l'avoir prévu… L'Art de se confronter au plus dur, pour la Gloire du dépouillement le plus pur… ! L'Art de tout perdre pour une ambivalence d'intégrité… ! Le savoir n'est pas théorique, mais fulgurance du vécu insondable. Les raisonnements ne servent à rien.
L'intuition la plus pure fait des merveilles… ! Elle ne s'éveille qu'en celui qui a discipliné *sa traîtrise* et libérer son paradoxe… !
Pratique un langage horizontal, *ne te perd pas* dans le nulle part de considération infructueuse… Vis sans réfléchir ! Bois du Miel… !

Le Miel est la liqueur du Vrai Médecin… Le brave homme qui n'a l'air de rien et fais fuir les mondains… ! La Terre est riche de belle choses pour qui sait y vivre, sans lui accorder de prestige inutile… à Elle, Reine de l'humilité ! Maitresse des breuvages nés de rivières…
Certitude horizontale de la tête froide et saine… ! Richesse des expériences rebutantes, Asile des exilés de l'étroitesse stricte…
Appui pérenne des esseulés saufs ! Les parfums viennent de la Terre !

Alors, ne craignons pas l'opprobre... ! Pratiquons l'estime... !
Disciplinons notre ardeur... ! Célébrons l'Artiste... ! La vie simple est le Paradis inattendu... L'Ode sans naufrage ! Le Présent non refusé !

Ce qui existe pour les uns, n'existe pas nécessairement pour les autres. Bois du Miel et tu sauras l'essentiel... sans plus jamais avoir à réfléchir... pour t'esquinter les méninges... ! Toute la chimie du monde ne vaut pas le Miel, Elixir Suprême ! Breuvage authentique, garanti sans arnaque... ! A moins que tu ne *désires* ce que tu ne *veux* pas... !

Ne penser à rien sinon au souvenir présent de l'Aube, voilà le Miel exquis ! Se défaire du qu'en dira-t-on, voilà le Science abstruse et efficace ! Celle qui fait couler le Miel sans fin, dose par dose...

Comment prépare-t-on le Miel sinon en parcourant le monde, tel le papillon ou l'oiseau, qui est toujours chez lui où il se pose... avide de grands espaces, *sans conquête*... Respectueux des territoires, *sans limites*...
Innovateur, à l'instar de la gazelle, non pas pour des inventions, mais pour sa grâce et son

originalité... ! Eprise de liberté... Inspirant l'étreinte à tous, échappant à tous, ne s'offrant qu'au dernier souffle !
A l'original, les déserts paraissent des prairies... et le sable des étendues de cristal... ! *Sois original* et offre ton *originalité* à la saine Providence que personne n'attend... ! *Sois* sans craintes autre que la Crainte ! *Apprécie* le calme de l'effort accompli, qui scintille, percutant, à mesure que le Miel brille de sa saveur éclose en arômes délicieux !

On ne vient pas sur Terre pour apprendre des choses, mais pour se réjouir d'apprendre à vivre. Plus simplement, pour vivre, le plus simplement du monde. Oser, ne pas feindre, mais rester sobre est le plus important. Chaque parcelle de moment éveille à l'essentiel sans soupirs. Tout n'est que grâce, et il faut remercier pour cela.
Le Miel est la Gloire de la Terre... La nourriture sublime... !
La Cuite d'Hydromel est la voie vers la Paix à la Beauté éclipsée...

Le vrai plaisir n'est pas de souffrir, mais d'être artiste à louer la Grâce la plus pure... ! Le prix non-dit est le sceau non vu des gourmets discrets, au savoir vivre sobre ! Des esthètes, ils sont !

Des pratiquants de la Poétique, qui assument quotidiennement.

La Liqueur est mieux qu'un fruit c'est un Nectar de fleur, au goût fruité d'arômes toujours intacts... ! Les oiseaux viennent se poser sur les branches des arbres à la sève toujours belle... ! Les papillons naviguent sur la brise caressant la surface des âmes inquiètes... !
Qui n'est pas à sa place ne se fait pas roi chez les autres.
Qui n'est pas roi chez les autres doit rester à sa place... !

L'étreinte nous rend visite par le goût de l'Eau du Miel... !
Elle ne prévient pas, et s'en va sans rien dire... ! Savourer l'instant imprévu, c'est fermer les yeux sur le prix du juste... !

L'expérience spirituelle est spiritueuse.
Le Miel est le médicament... contre l'artifice !

Respire le parfum et *ne dis rien*. *Respire* le parfum à n'en plus finir... !
Le travail est une offrande... Que l'on doit bien à qui sait faire plaisir... ! Taisons-nous sur l'Art de coexister... Et les baisers de brise iront flirter avec ce qu'il y a de mieux en nous... !

Ô Liqueur
Ô Liqueur Exquise !

Ô Doux Nectar !

Plus Vrai Est Le Paradis !

V /

La Beauté qui s'Eclipse

La beauté vraie n'est jamais vue. Vue sans respect intime, elle est trahie... Poétique, elle s'éclipse ignorant la Lune... Sans reflet, elle est miroir ambivalent, fraternel... Son eau est Or, rayonnant de l'aube, étincelante de phases aux traîtres seuils trahis... ! Le graveleux côtoie le meurtre. Le corps est lieu saint de l'âme. La chair vaincue est le cœur avoué... sans qu'en dira-t-on, ni honte faussement prude ! N'éludons pas le strict, il est libérateur ! Seul vraie clef du déniaisement méticuleux... de ceux qui ne laissent trace du grossier, que comme envers, du souvenir sincère, pour aveugles aux éclats de la Face imprévue... !
Quand la Vie est trop réelle, personne ne voit rien. Ce qui n'a pas eu lieu arrive bien quelque

part, mais dans les sphères du strictement exact... là où le doute ne s'immisce pas !

La réalité de l'étreinte est dans l'épreuve et le fait d'éprouver, jamais dans la représentation sensorielle... Sa concrétisation est dans l'épanouissement d'âme du cœur qui a donné sa vie, et avoué son amour ineffable et sans intrusion possible... C'est l'étreinte à la réalité la plus stricte, et à la dimension la plus honnête.

Ce n'est pas faire honneur à un maître que de lui dire qu'il est un maître. C'est lui faire honneur que de le savoir, et de le craindre.

Accéder au prude, c'est dévoiler l'inexistant en intimité concrète.

La *fidélité* est un enjeu véritable et un défi au sens commun et *populaire*... La fidélité est la leçon de la *pauvreté spirituelle*...

Seul le pauvre en *Dieu* est fidèle en *amour*...

Aimer est un combat, mais estimer est une science... !

Soit la *Guerre* est un Art noble et elle sert à maintenir la Paix,

soit c'est un art hideux et simulacre, et elle est coupable des pires crimes... Si c'est un Art noble, qui est sa muse ? Sa pieuse et douce inspiratrice ?

Sans doute celle que l'on n'a jamais vue ! Qui n'a pas de face lunaire... !

Qui n'est pas miroir sans *reproches*... ! Pirouette immaculée... !

La représentation sensorielle n'a jamais été *perception*... !
L'idée de détruire la Beauté est atroce. L'idée de voir cette destruction, comme une étreinte, l'est encore plus. Il y a là méprise, mépris et confusion... La réalité du reflet total ou absolu est la bêtise... !
La Beauté vraie est un garant contre le Mal. Une preuve d'équilibre et de science... ! Un rempart contre l'inadmissible, vu et non vu, connu et inconnu... admis et non admis... ! Le sceau de la guerre contre ce qui ne se tolère point... Si la Beauté qui s'éclipse t'interpelle, c'est qu'elle représente ou constitue, la garantie de la piété la plus valeureuse par sa prude efficacité, jamais feinte... La Beauté qui s'éclipse ne feint jamais ! Les fantasmes sont trompeurs et illusoirement agréables...
La plénitude est signe, et le contraste est sens... Le contraste est beauté éclipsée, échappant au regard, amie en présence fondue...
Plus réelle que le Jade ! Plus authentique que l'ostentation du respect !

Si la Beauté qui s'éclipse *t'invite* à estimer en *véridique*, c'est pour que *tu saches* que la Terre est un paradis réel, afin que *tu* quittes un monde qui n'existe pas... Les charmes sont étourdissants et procurent une ivresse qui semble rendre joyeux... Mais la Joie n'est pas

l'envers du Bien... Celui qui s'abreuve de séduction succombe à la tragédie sans retour, et les chimères auront vite fait de lui rendre une visite peu courtoise... Perdre ses repères est le destin de celui qui souffre, mais l'obstination dans l'expérience des troubles mène à l'anéantissement sans salut... ! *Ton* Seigneur et Maître est Celui sans Qui le Salut est impossible... ! Le sens de la réalité dépend de ce qui ne s'explique pas... ! Là où l'on cherche à convaincre et séduire il n'y pas d'issue pour vivre... Il n'y a qu'un mensonge d'activité, qui est un esclavage paré de bons sentiments. Une exploitation sans scrupules qui se fait passer pour humanisme... ! Personne ne sera jamais humain sans âme, et personne ne sera jamais lucide, et libre, sans Limite. Là où se trouvent l'humanité et le respect intime, le contact est sans contrainte.
Assumer son désir n'est pas vivre sans freins. Assumer son désir c'est connaitre son âme. Ne pas s'attacher à l'inexistant. Ne pas craindre le sans consistance... ne pas douter du plus sûr qui n'abandonne pas... !
Il n'est nulle beauté dans la prédation. Il n'est nulle harmonie dans l'imitation. L'Unicité est la vie dans sa variation poétique.
Cette poésie est *le lucide éclatant* dispersant *les mirages et les morts* !
La méchanceté qui suscite la haine est-elle un modèle de savoir vivre ?

De savoir chérir, de savoir aimer... ? On apprend, en se confrontant, au Mal, qui parait Bien... On en revient en sachant que l'ordre n'est pas le désordre ! On en réchappe en proclamant que l'équilibre, dans sa Source, n'a pas à être connu... ! Mais accueilli comme bénédiction sans chercher à comprendre l'origine... ! Que *l'organisation* n'est pas répétition. Réplique sans fondement du Drame Originel ! N'appelez pas « Beau » la prédation, et portez *la Quête* au-dessus de tout ! Son Objet est éclipse au faciès de contrastes... Ambivalence pour salutations à la Gloire de coexister... ! Utopie concrète qui n'a jamais eue lieu... !

La Poésie n'est pas la rêverie, mais le strict nécessaire... ! Le sens du détail acquis, sans effort sans queue ni tête. Signe et superflu ne sont pas équivalents. La Plénitude est Signe, et sa substance est abstruse.

L'exceptionnel n'est pas utile pour sentir sa propre valeur. L'inhabituel qui côtoie l'étrange n'est pas l'infime saisissant qui offre la liberté...

On est vite aveuglé à prendre le bizarre pour le quotidien... On retrouve sa vue en faisant de l'insolite un ami de l'Art de vivre... En s'amusant d'un rien on sauve sa vie et n'évite pas son destin... réel... !

Ce qui est *écrit* n'est pas ce qui est figé, mais ce qui est Vie et Poésie du précis et du *clair*... le raisonnement et la forme qui ne sont pas les compagnons de l'âme, ouvre les portes de labyrinthe des maladies les plus graves. Celles des crépuscules les plus torturés... ! Celles des chemins d'égarement n'aboutissant à aucune aurore... ! La Beauté est l'amie qu'on n'a pas vue... La compagne qui sait se faire discrète... Celle qu'on ne trahie pas... Qui sait apaiser sans prononcer un mot. C'est cela... !
C'est cela la Science pure... ! Le savoir-faire et vivre sans explications !

La Beauté que tu vois au moment d'une brise n'est là que pour t'éclairer. Ne cherche pas à en savoir plus, et très vite tu verras plus clair. La Beauté est un *don* de *Dieu*, et une raison valable pour craindre le Seigneur... Elle ne dure qu'un instant, on l'aperçoit au passage... Elle flirt avec la vie, puis s'en va gaiement... Ne songeons pas au vent si la pluie est déjà passée... Ne songeons pas... Ne songeons pas... !
Vivons l'instant d'une grâce ! L'envol d'un papillon... qui s'éteint en photon ! Le respect mutuel repose sur les règles les plus strictes.
La Beauté en est la preuve car elle est née de ce respect...

Qui cherche un maître cherche un esclave. Qui respecte et connait la douleur de l'esclavage trouve un Maître pour la vie... Crois-tu au Mal comme vertu, ou prises-tu l'estime même comme once insaisissable ?
En quelle beauté crois-tu ? La Beauté que tu n'as ni vue, ni saisie, est un sujet de crainte et une voie de sagesse, pieuse.

Crois au Frère qui *te* connait, et *te* reconnait, pour s'être cogné à l'Abstrus et à l'Indémontrable comme *toi*, et *ton* prochain *te* défendras comme *tu* l'as défendu... Si c'est vraiment *toi* qui a voulu *aimer*...
Crois à l'Ami qui n'est jamais vu mais ne se dérobe pas à secourir... !

Distingue le sens intime du Réel de celui qui éparpille et déroute. *Apprécie* la sensualité saine qui se base sur l'estime... intime. *Délaisse* les fards aguicheurs aux relents goulus de voracité cruelle... *Fais-toi* craindre des prédateurs et des donneurs de leçon mesquins, malappris ! Estime la Beauté sans jamais la voir un seule instant... !

La Beauté est gardienne du Paradis. Ne pas chercher à être bon, mais faire du bien sans réfléchir, vivre sainement sans se soucier du lendemain, c'est rendre hommage à la Beauté qui s'éclipse... !

L'harmonie du Juste n'est pas sujette à la coquetterie… ! C'est l'éducation valorisante à l'Art sublime de vivre… ! La théorie doit être une jubilation enfantine pour qui n'aime pas comploter. Ensuite, il faut l'oublier et ne pas en garder souvenir… si ce n'est la Science de manier le sabre de l'Intelligence… !
La Grâce n'est pas spirituelle. Elle est le concret du Nectar.
Les abstractions finissent toujours par s'évanouir. Qui peut, plus d'un temps, vivre décemment de chimères et voir sa propre folie ?
Qui peut errer, heureux, dans l'apparent beau et cerner, réellement, à quel point cela est laid… ?! On ne se méprend pas sur la Beauté, et la Beauté elle-même ne se méprend pas sur l'horreur… !

Ce qui est *vu* n'est pas beau, réellement, ce qui est *beau* n'est pas *vu, pour de vrai*… ! Les yeux clos sont la certitude perceptive… ! Craindre authentiquement, c'est connaitre sans savoir… ! Savoir c'est ne pas chercher à connaitre… ! Il n'est pas de Beauté corrompue, si ce n'est pour la Gloire de vivre… ! La Terre est le Paradis des amoureux d'étreintes timides… ! L'Eden verdoyant des Poètes ivres de Paix.

Ne parlons pas de la Beauté en ignorants ! Craignons la Science, le Savoir Faire ! L'Eclipse redoutée, la Beauté imparable, est la promesse de sortir des ténèbres... ! Cette promesse, réponse au désespoir, ne se trahie jamais sous peine de se perdre pour toujours. La distinction n'est pas affaire de voyeurisme, ni d'ostentation. Elle est la grâce qu'on ne profane pas, et sur laquelle on ne médit sans risques.
Les charmes ne sont pas beaux, il faut le redire. Le Beau est Art de Discipline ! Il faut tenir à l'écart la voracité vampirique, qui s'attise de romantisme méconnaissant sa propre démence... !

Celui qui boit de l'Hydromel le fait pour le plaisir de l'estime... !
Celui qui goûte le Miel le fait par connaissance de la Terre... !
Le Ciel n'est pas le séjour des *amoureux*, sinon de ceux qui n'ont connu *le plaisir intime*... ! Le Ciel est acide aux frileux *du concret*... !
Il est le froid des cœurs qui ne *ressentent* rien, mais d'agitation, souffrent... ! Qui peut prétendre avoir vécu sur la Terre en ayant *connu* ce qui est Beau ? Le Beau et la Beauté sont les messagers de ce qu'il faut garder intact sans trucider et haïr... L'Aube est le goût du Miel qui bénit qui n'a besoin d'explications pour le saisir... !

Qui sait laisser l'oiseau et le papillon s'envoler pour s'éteindre en l'horizon qui scintille d'étincelles tactiles... !
Qui sait estimer sans détruire, et faire éclore en sphères matinales... !

La leçon du Beau est la perception sans forme... ! Le Nectar Pur... !
Le passage libérateur et sain de l'Eclipse à la Plénitude de la Lumière... !

Un Miel exquis !

Si tu peux aimer ce que tu as à peine entrevu, conçois dès lors que l'abstraction n'est pas !

POèMES

I/ L'ASTRE QUi LUiT

L'Astre qui luit
N'est pas mort....
L'Astre qui luit trop fort
Est au-delà de la vie.

Ami !
Que veux-tu encore ?
Après ce dernier effort
Pour payer le prix
Du massacre
Du Candide ?

Le plus bel éclat a
Fait un bide...
Et le Trépas gît
Aux abords du verglas !
Trop peu de tracas
Pour les détails insipides !
Faisons peu de cas
Des coquins aux aguets
D'un contrat à
Deux contre un...

Quand l'Heure est grave

On marche au pas !

L'Astre qui luit

A Dieu la vengeance
   La vengeance à Dieu... !

A Dieu la vengeance
   La vengeance à Dieu... !

Les œuvres délicates
N'ont que faire
De l'enfer permis
Des considérations scélérates...

Au passage fleuri
Des célébrations mortuaires
Me voilà ravi,
D'entendre quelques vers
De la bouche du silence issus...

A Dieu la vengeance
   La vengeance, A Dieu !

A Dieu la vengeance
   La vengeance, A Dieu !

<u>Adieu la vengeance !</u>

II/ DES FLEURS ET éTINCELLES

De la Fleur
Ou de l'étincelle…
Qui fut saisie en premier ?
Là où tu as mis pied…
Tu ne sais ce qu'aimer
Veut dire…

<u>Fleurs et Etincelles</u>

Un éclat
Pour découronner les fleurs
Et l'Eclipse se fait parure...
Des instants purs et inavoués... !

Sache que le Silence est offert
A l'Aube qui rayonne en matin... !

<u>Délivrance...</u>

III/ LE MIEL AMER

Ode au délice de vivre... !
A la sentence des moments délicats... !
Le cas ne dépend pas du contexte...
Mais de l'absurde arbitre en beaux draps !

La soie dévoilée habillant
La clarté du regard n'ayant vu...
Est l'évocation des moments de beauté...
Dont la forme s'éclipse en l'Art indu !

Je n'irai pas par ici...
Je n'irai pas là non plus !
Le paradoxe ambigu du parricide...
Ne vaut la poignée du frère qui estime !

Elle est là,
Elle t'attend là !
La gloire des sphères amies du Jade !
Ne m'en veux pas d'avoir bu l'acide...
Pour le plaisir d'un remède au Miel Amer !

Le Miel Amer

Amère est lassitude de vivre…
Douce est la certitude du savoir acquis… !
La Mélasse n'est pas l'exquis Nectar
Dont s'enivrent les Poètes sans soucis… !

Goûte le Miel… !
Goûte le Miel… !
S'il te plait et ne dis rien… !

Goûte le Miel… !
Et apprécie le temps serein… !

<u>Goûte !</u>

iLLU-STRATiONS

DESSINS

ÉVOCATION D'UNE PROMENADE IMPRÉVUE...

L'Astre Qui Luit

Colibri

Fleurs et Etincelles

Nectar

Recueillement

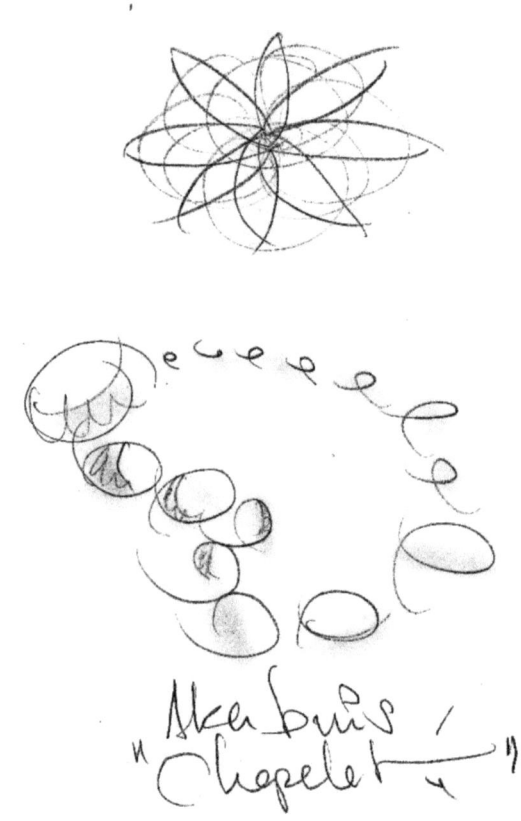

Chapelet

PHOTOS

BALLADE à TRAVERS LA VILLE...

Au Bord du Lac

Dans l'Coin #1

Dans l'Coin #2

Fleur Solitaire

Floraisons Eparses

Fruits Rouges Interdits

Horizons

La Route

Le Dernier Canard

Le Métro

Le Parking

AKA Louis

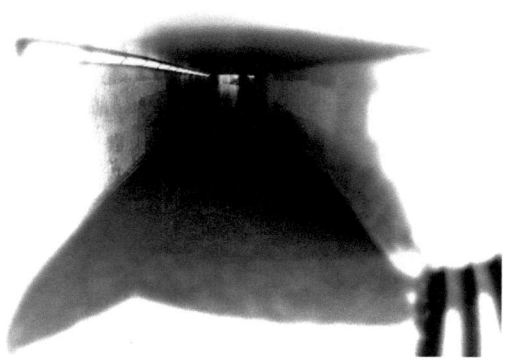

Le Tunnel

Près du Banc

Quelques Cygnes...

AKA Louis

Roseaux Coupés

AKA Louis

La Table à Jouer

à PROPOS

La quête de la maturité et sa découverte enivrante est le plaisir des Âmes éprouvées par l'incandescence de la rectitude ambivalente. Cette dernière est gardienne des liqueurs révélatrices des horizons abscons. La plume aiguisée, AKA Louis nous amène aux pays du Miel de l'Amertume, par l'évocation poétique et la métaphore filée d'une réalité utopique pour assoiffés d'instants concrets. Les questions philosophiques et existentielles doivent être traitées avec la légèreté d'un jeu d'enfant... Sinon, elles demeurent l'apanage des Rhétoriciens et des Habiles Prestidigitateurs... Entrevoir le monde autrement et différemment est aussi simple que de boire un verre d'Eau... de Miel, un verre d'Hydromel! L'addiction se joue de nous, mais le prix non-dit de la Grâce est une libération!

Contact

akalouis.plume@yahoo.fr